Male für jede Seite, die du bearbeitet hast, einen Stern aus!

Viel Freude!

 4 5 6 7 8 9 10

11 12 13 14 15 16 17 18 19

20 21 22 23 24 25 26 27 28

29 30 31 32 33 34 35 36 37

38 39 40 41 42 43 44 45 46

47 48 49 50 51 52 53 54

m

B  au

| B | au | m | |

a 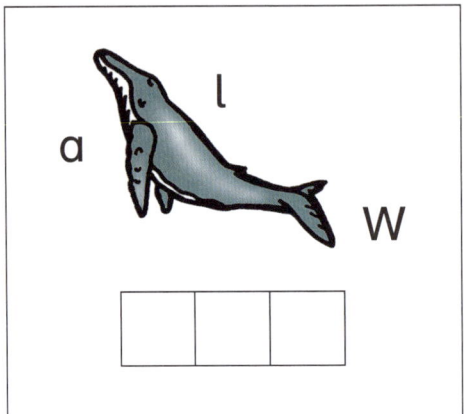 l

W

| | | |

S 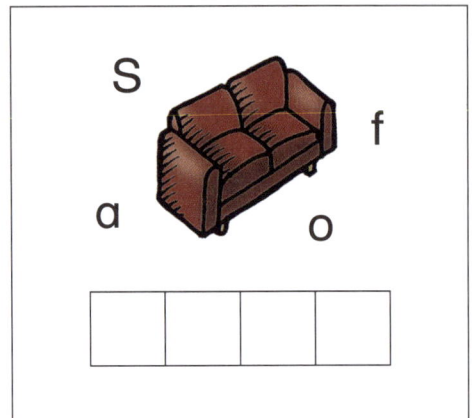 f

a o

| | | | |

t r

a

P  i

| | | | | |

Sch

f  a

| | | |

f

o 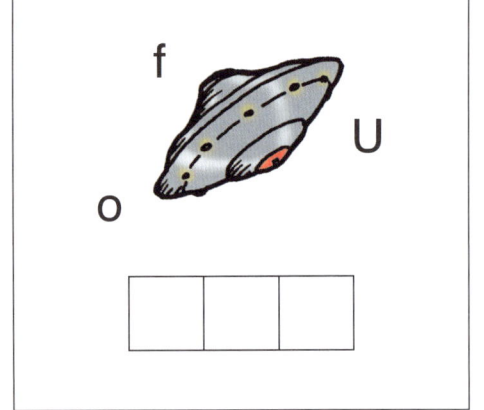 U

| | | |

a p a P

a l a S t
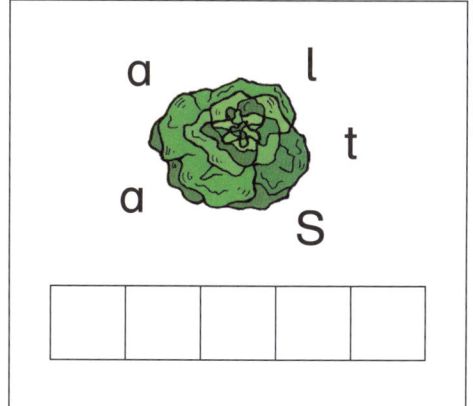

a Sch l

O a m
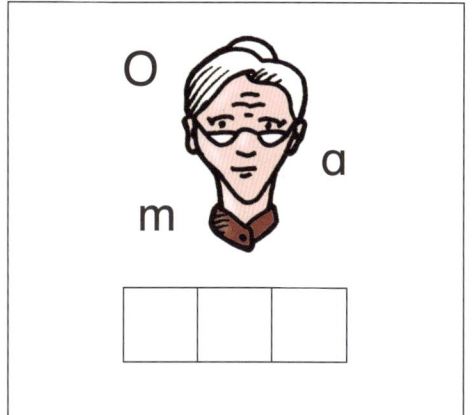

n o i K

m a L a

H
au
s

t
o
Au
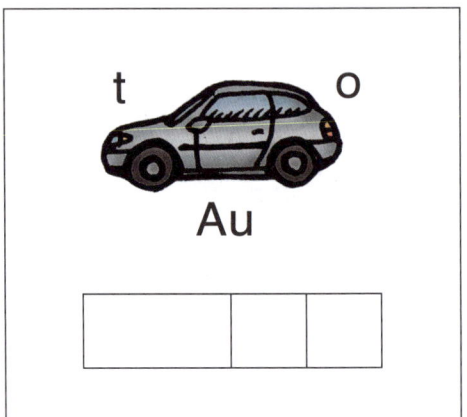

F
t
o
o

O
a
p

a
O
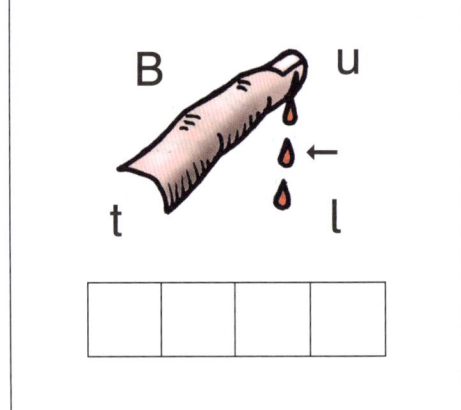

B
u
t
l

l
m
a
e
K

K u n a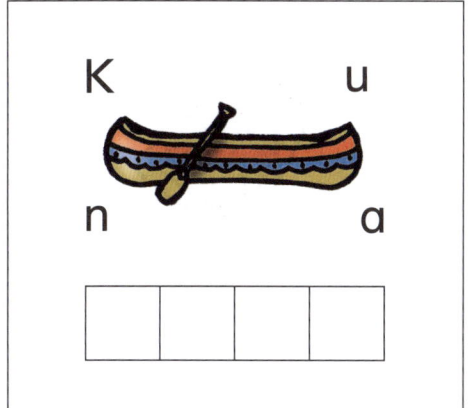

s M au

H t u

i D o n

A t s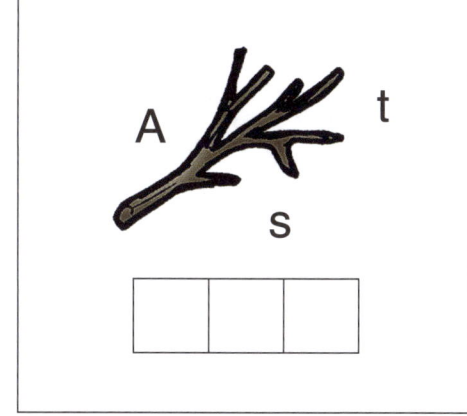

w i K i

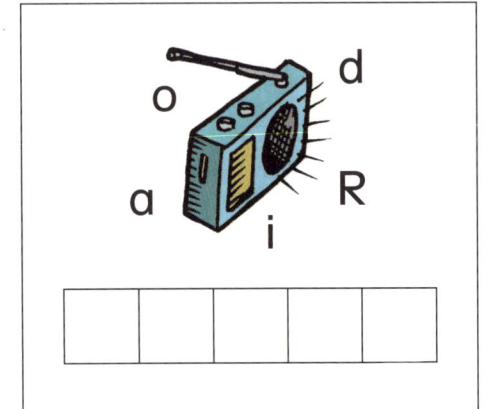

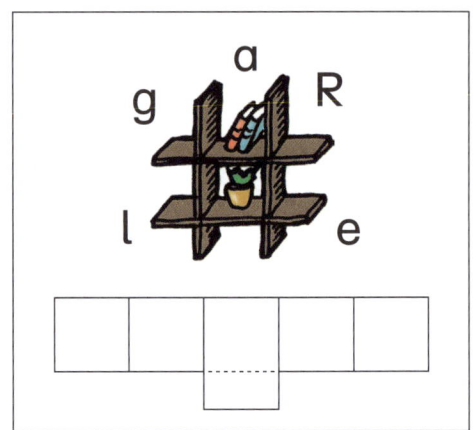

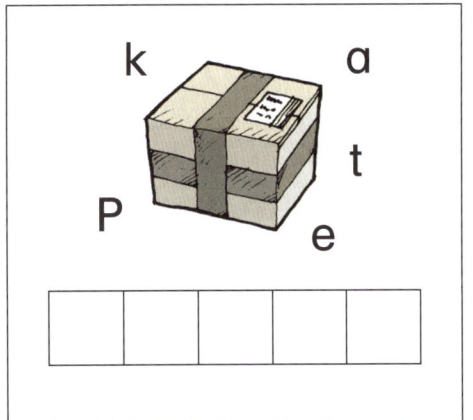

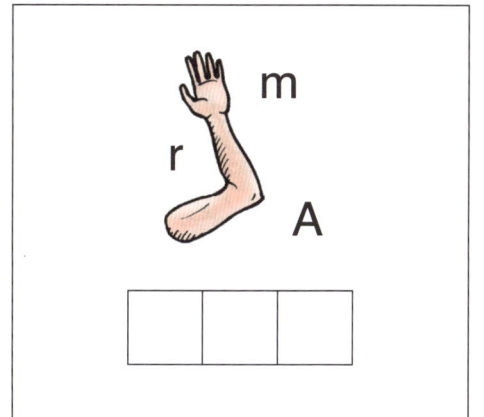

r m A

a K a o l

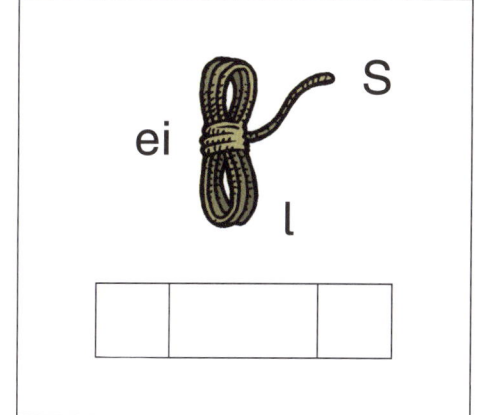

ei S l

U u h

a l G s

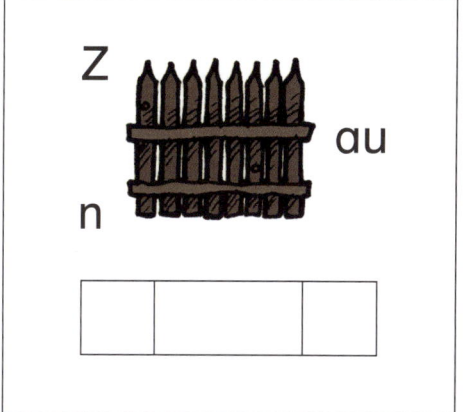

Z n au

a r

K n

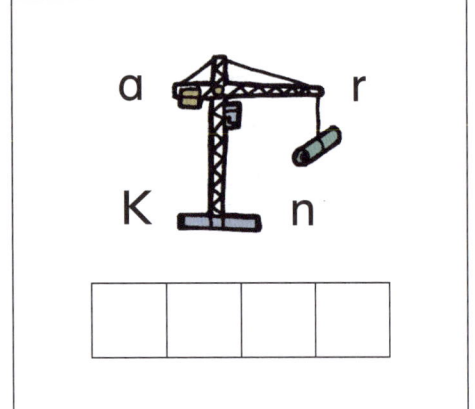

s

Ei

au

r

F

o

P

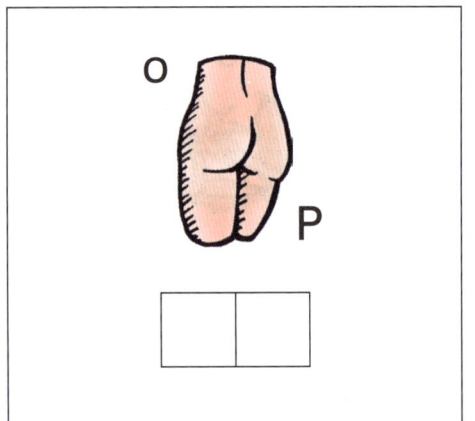

a r

e

Z b

r G

s a

e s
a
N

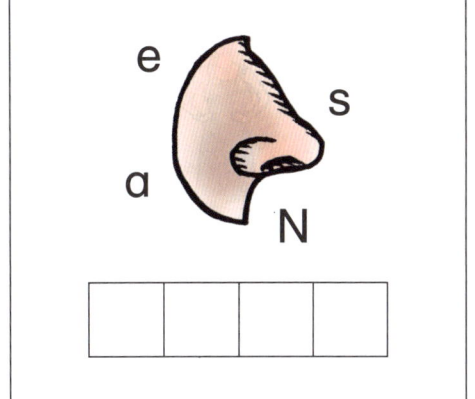

m N
e a

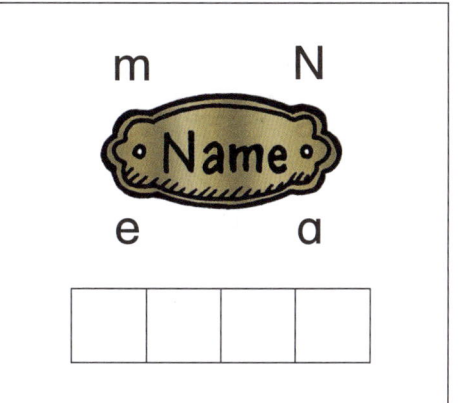

e s
a H

e
M
Ö w

H o
e s

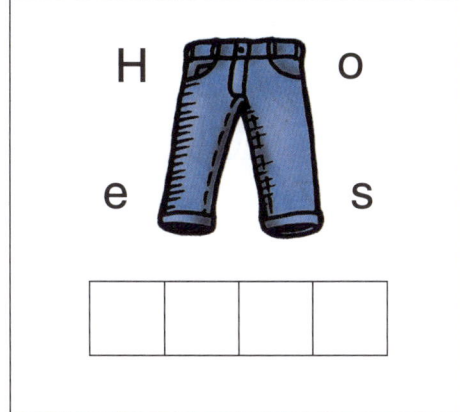

e
R
o
s

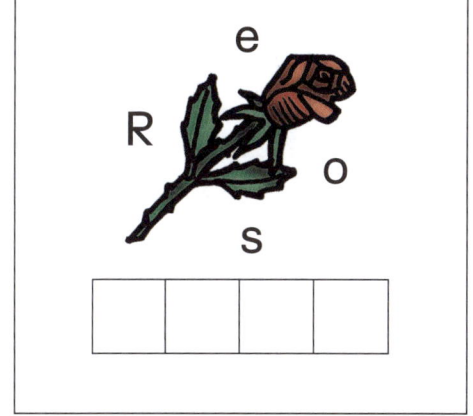

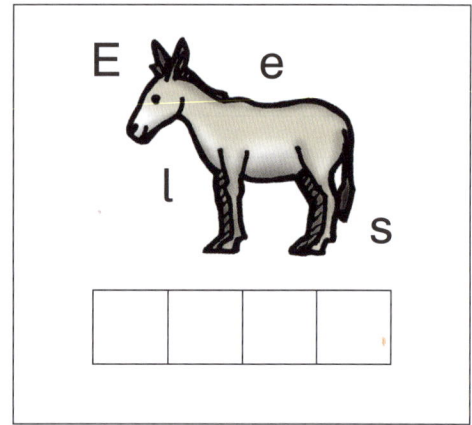

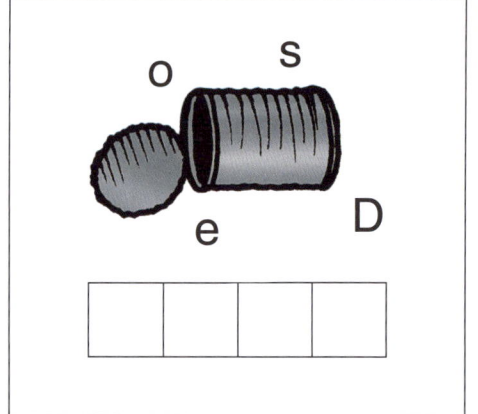

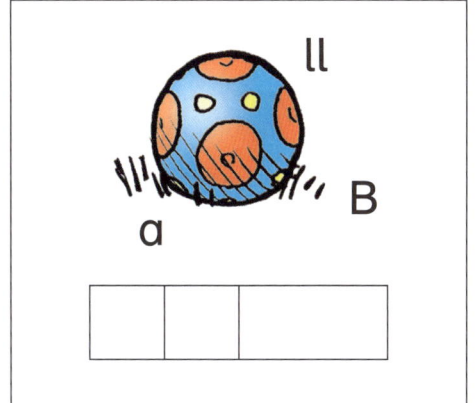

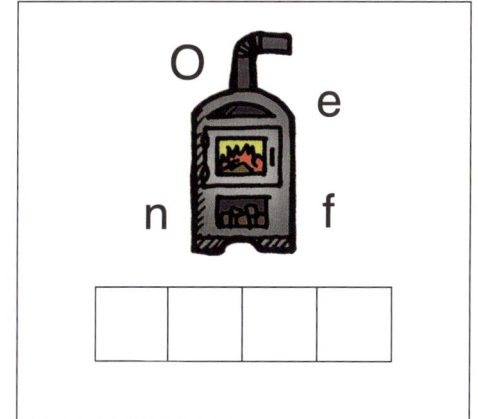

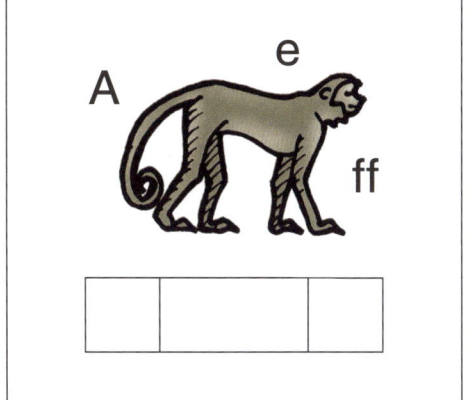

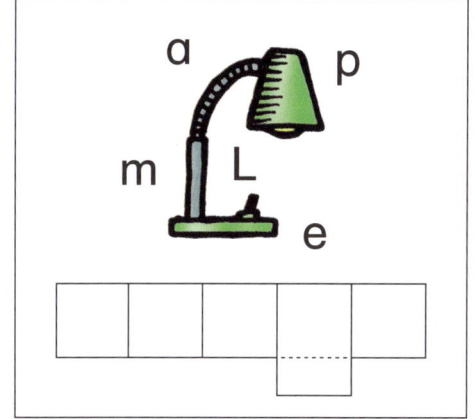

l e
s
A
m

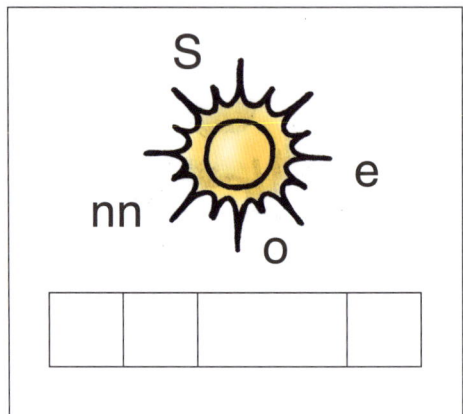

S
e
nn
o

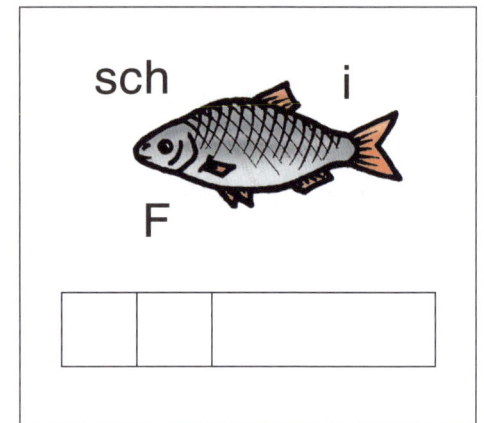

sch i
F

e i
r n
B

B ie
n e

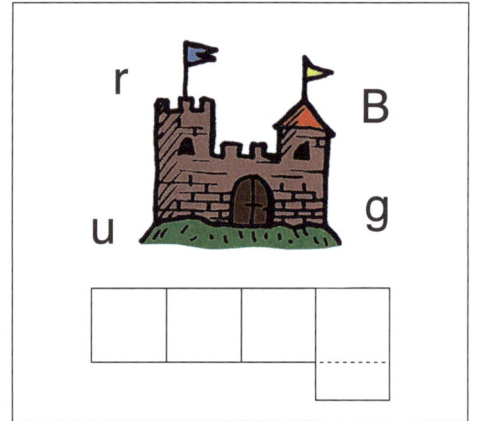

r B
u g

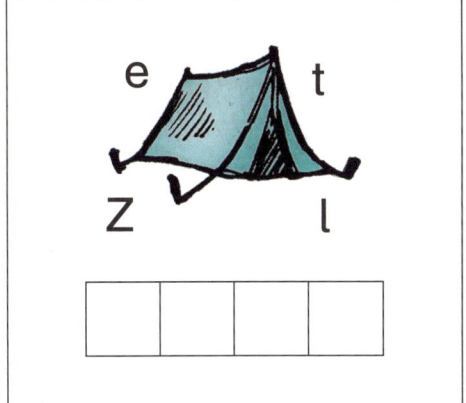

e t Z l

h u K

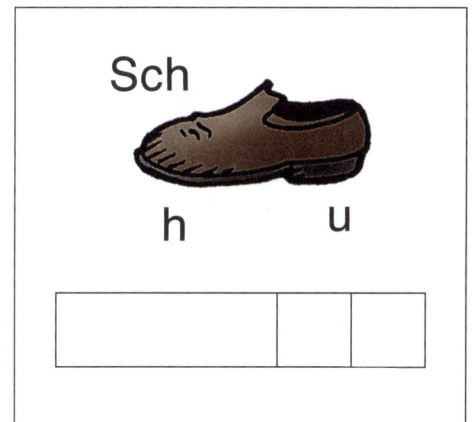

Sch h u

ss T a e

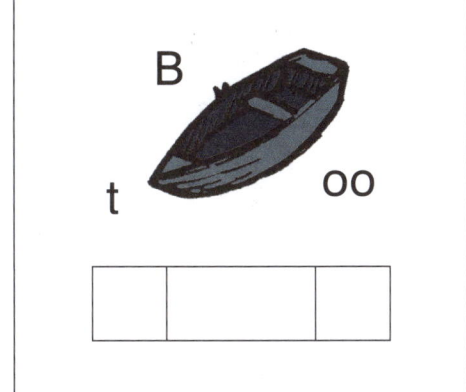

B t oo

z l P i

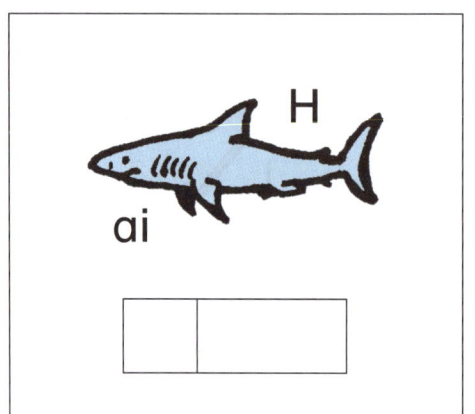

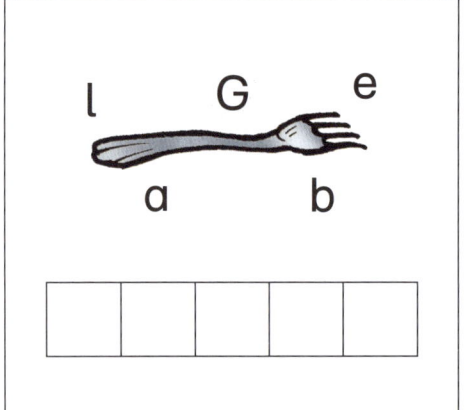

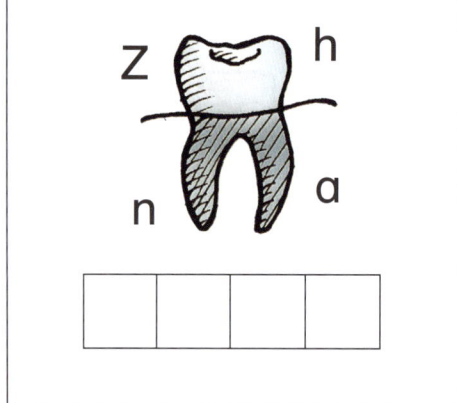

r o
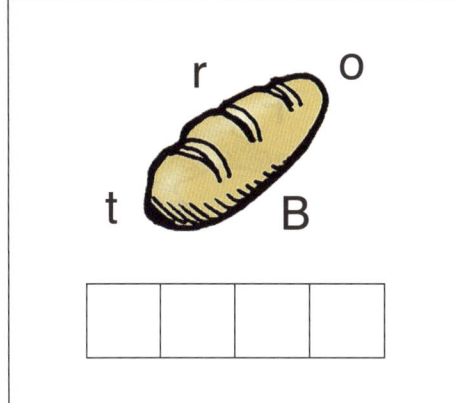
t B

e
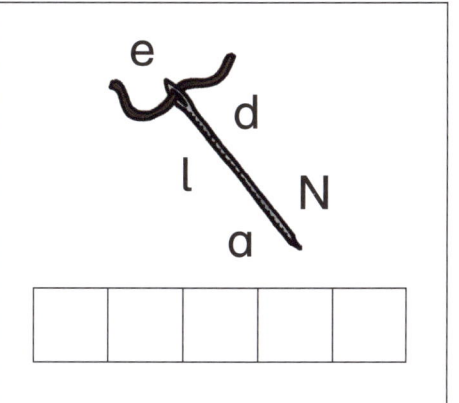
d
l N
a

H
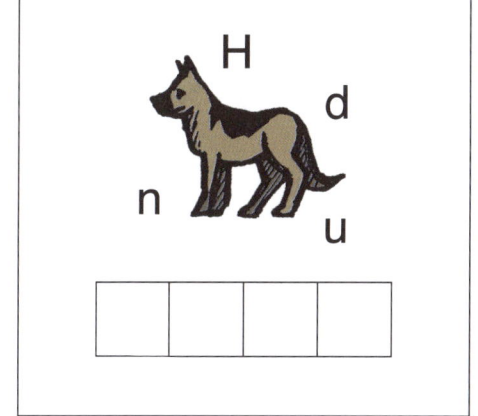
d
n u

g N
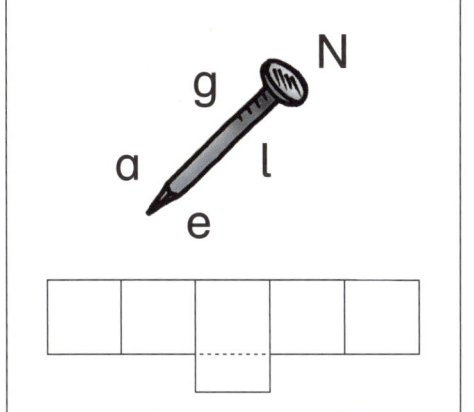
a l
e

l o

a C

e
Eu
l

pf

T

o

N

l

d

e   u

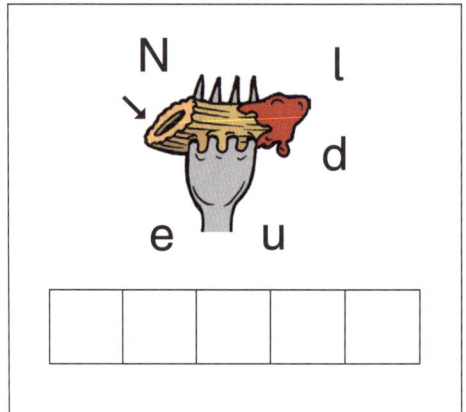

B

l

i

d

s

B

u

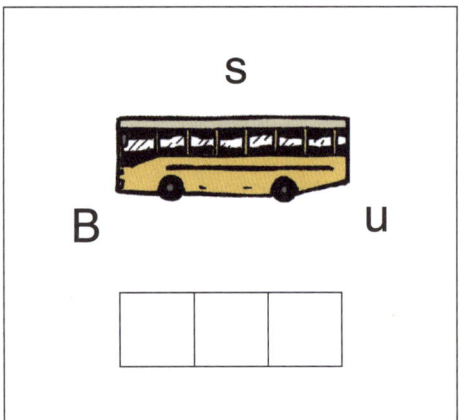

e

l

a

T

f

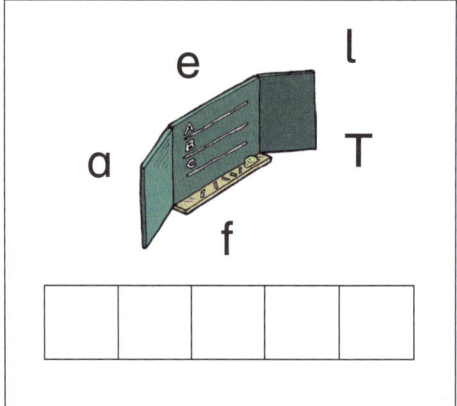

tt

e

B

© sternchenverlag GmbH

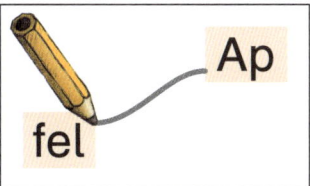  

der Apfel

ne

Bir

ne

Tan

tus

Kak

Kat		
ze		

ter		
Pu		

fin		
Del		

schel		
Mu		

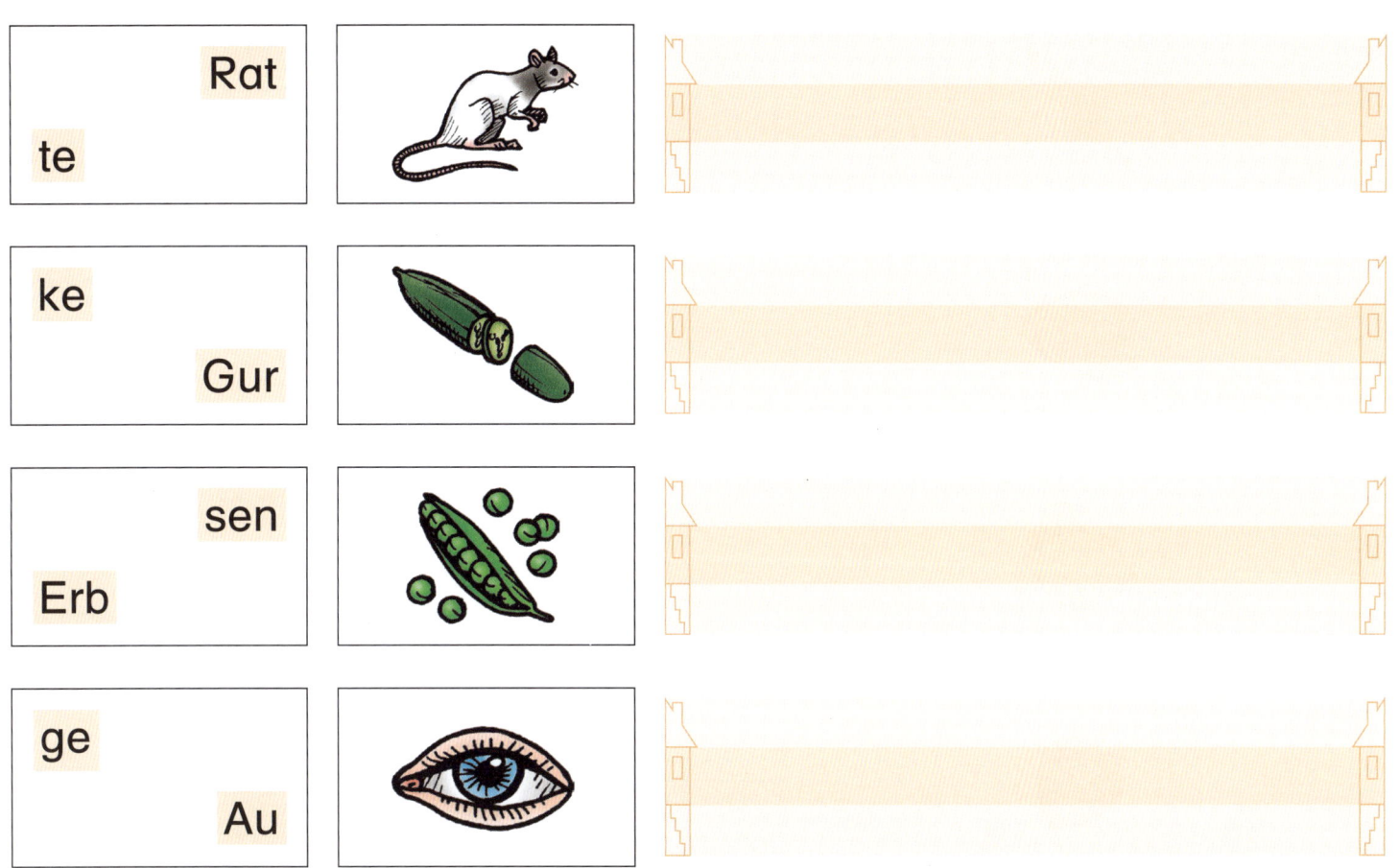

Rat
te

ke
Gur

sen
Erb

ge
Au

ke te Ra	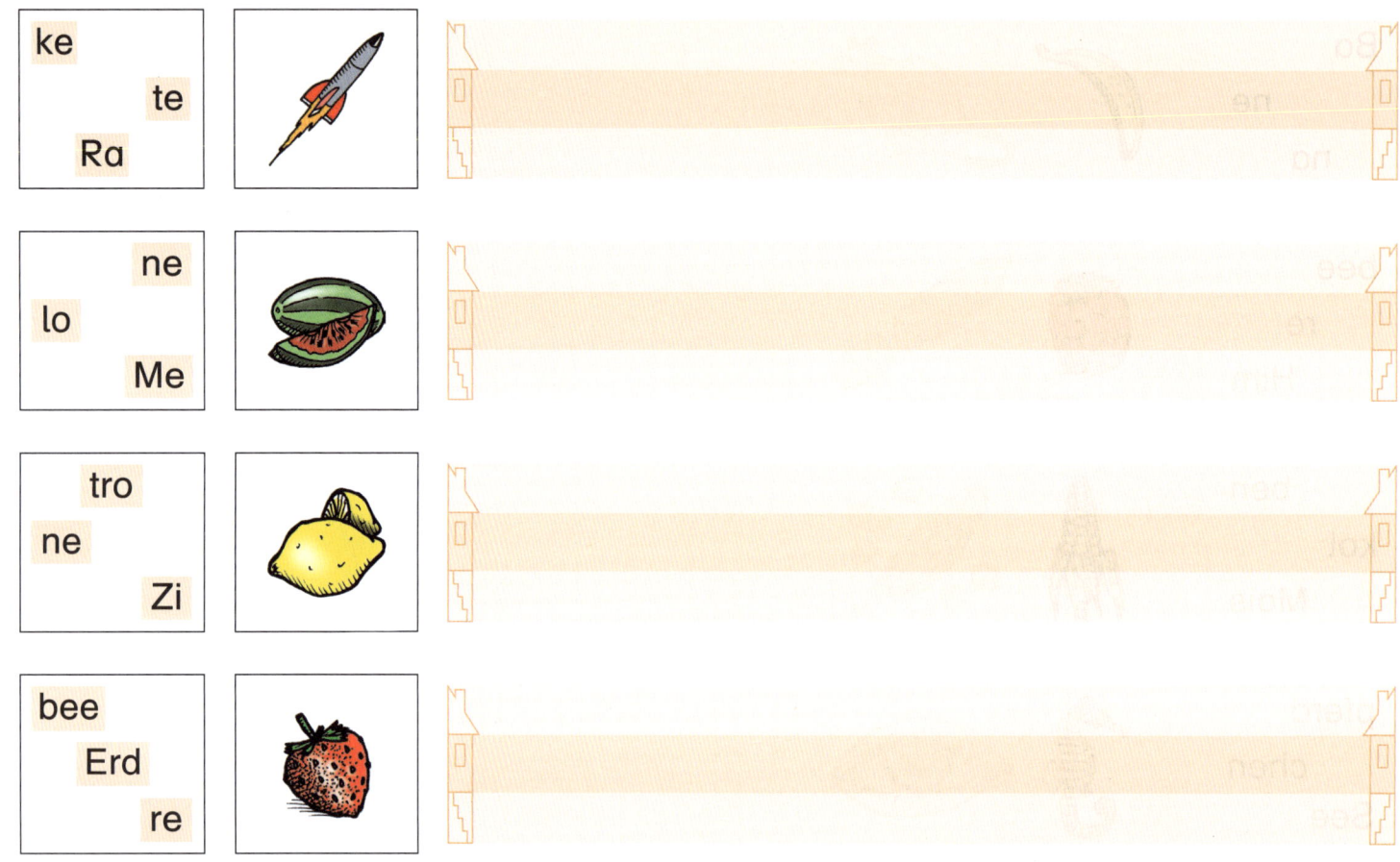	
ne lo Me		
tro ne Zi		
bee Erd re		

Ba / ne / na	🍌	
bee / re / Him	🫐	
ben / kol / Mais	🌽	
pferd / chen / See	🐠	

Eich chen hörn	
pa Pa gei	
schwein Meer chen	
To te ma	

| Kar
fel
tof |  |  |

| men
kohl
Blu |  | |

| Pa
ka
pri |  | |

| Ra
chen
dies | 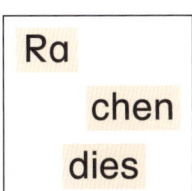 | |

kan
Pe
li

Tri
gel
an

te
Trom
pe

gu
in
Pin

Mo rad tor		
Gi re tar		
Pan bär da		
he Hand schu		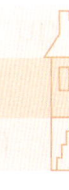

me	nen
Son	
	blu

le	Hal
te	stel

del	ze
müt	
Pu	

de	
	Mar
la	me

ta   tel
Man
sche

spie
ball
ler   Fuß

chel   re
Sta
bee

tich
Wel
len   sit

Purzelwörter mit **Pf** im Anlaut schreiben

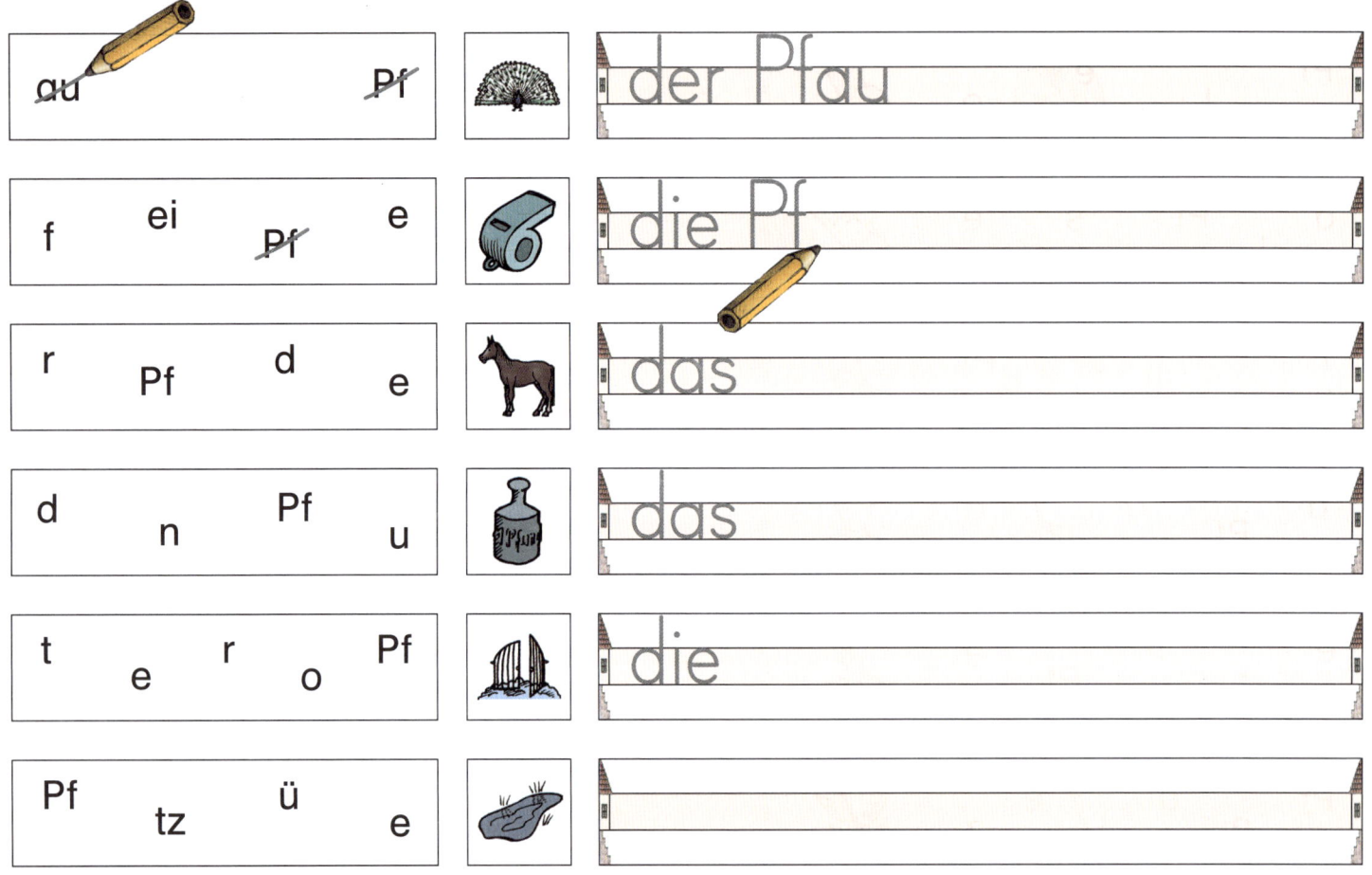

au Pf — der Pfau

f ei Pf e — die Pf

r Pf d e — das

d n Pf u — das

t e r o Pf — die

Pf tz ü e

30

© sternchenverlag GmbH

Pf t e o		die
a t Pf l s r e		
i ff Pf		
a Pf rr r e		
e r ff Pf e		
Pf n a l e z		

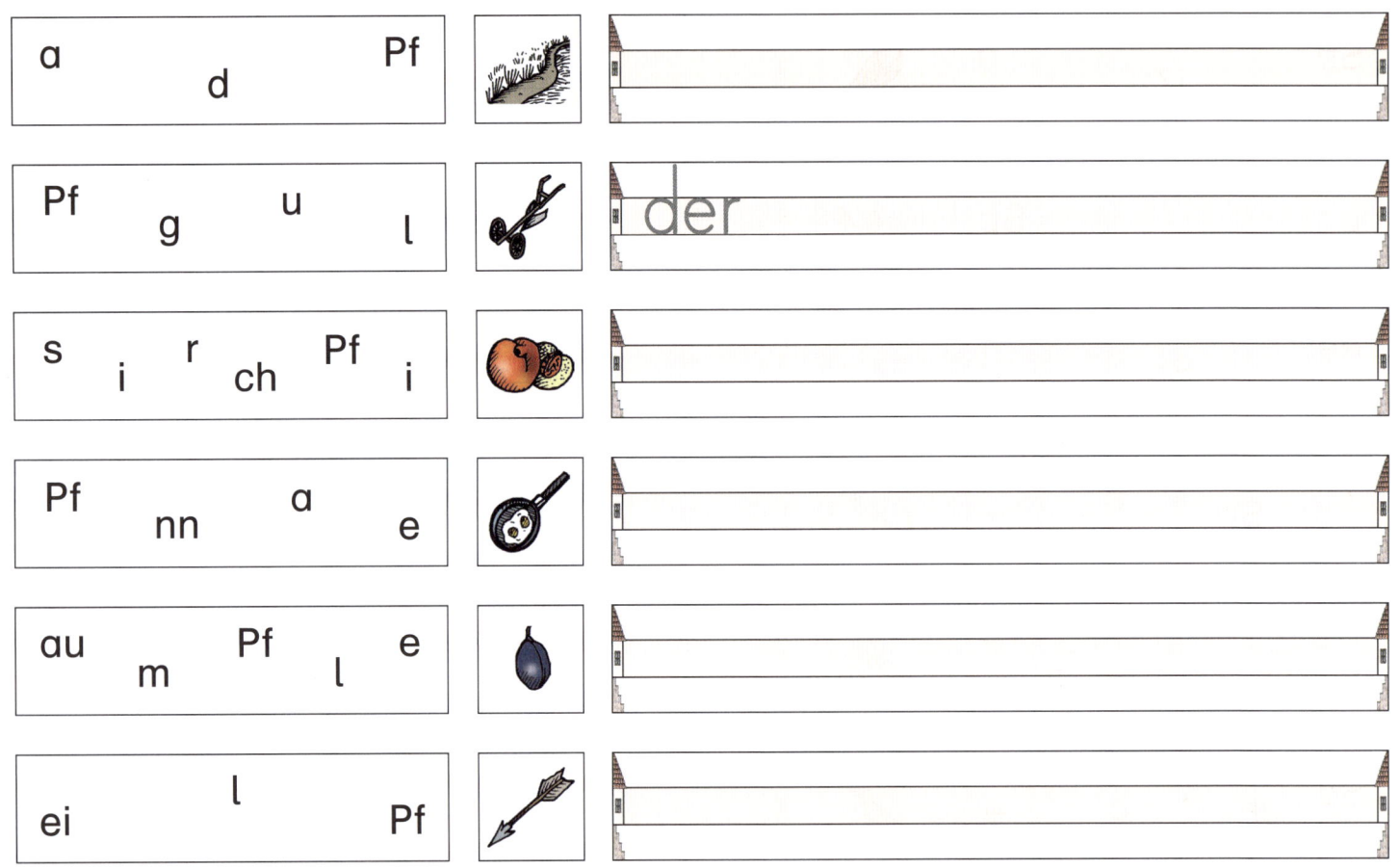

a d Pf		
Pf g u l		der
s i r ch Pf i		
Pf nn a e		
au m Pf l e		
ei l Pf		

Sp tz a

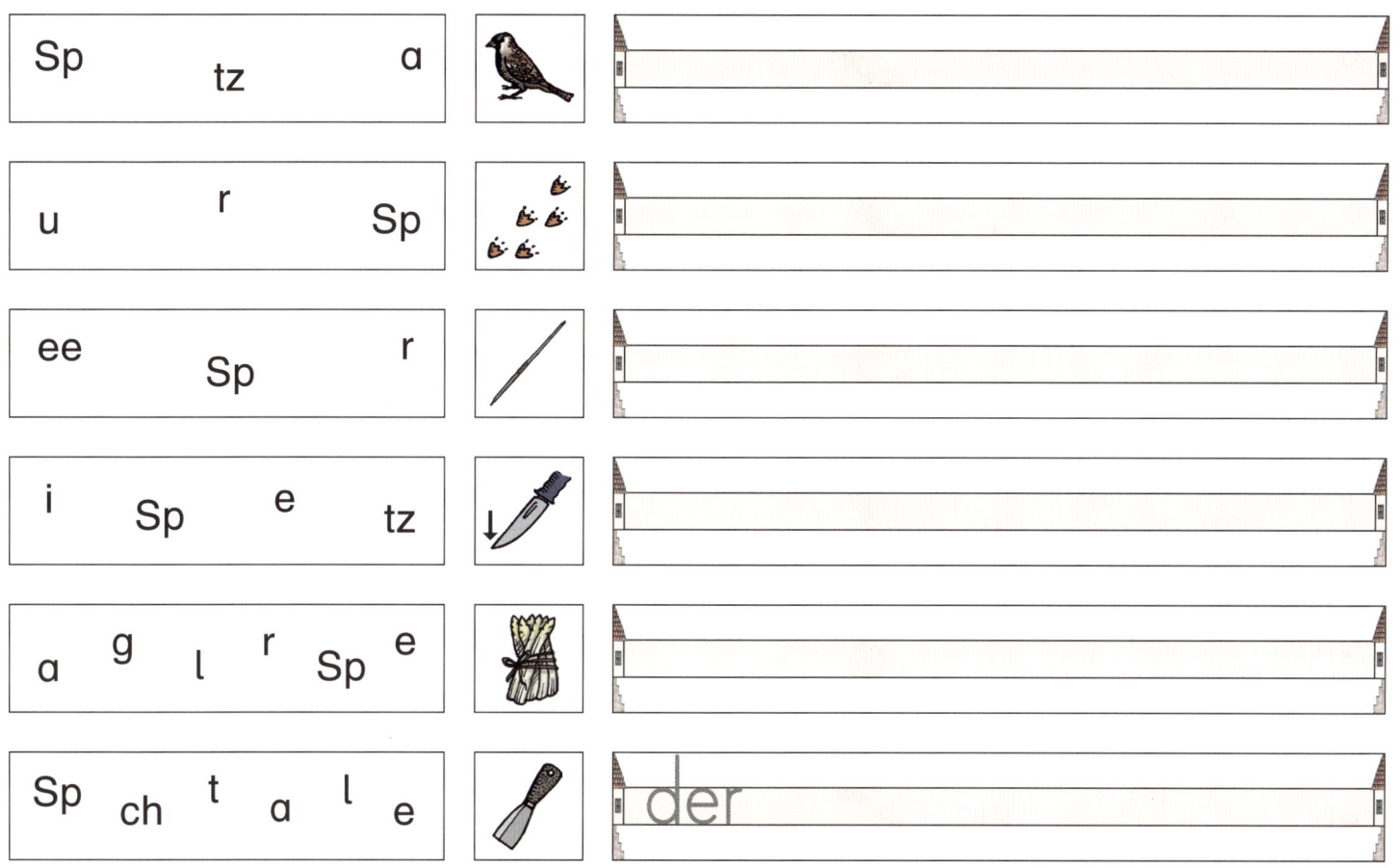

u r Sp

ee Sp r

i Sp e tz

a g l r Sp e

Sp ch t a l e

der

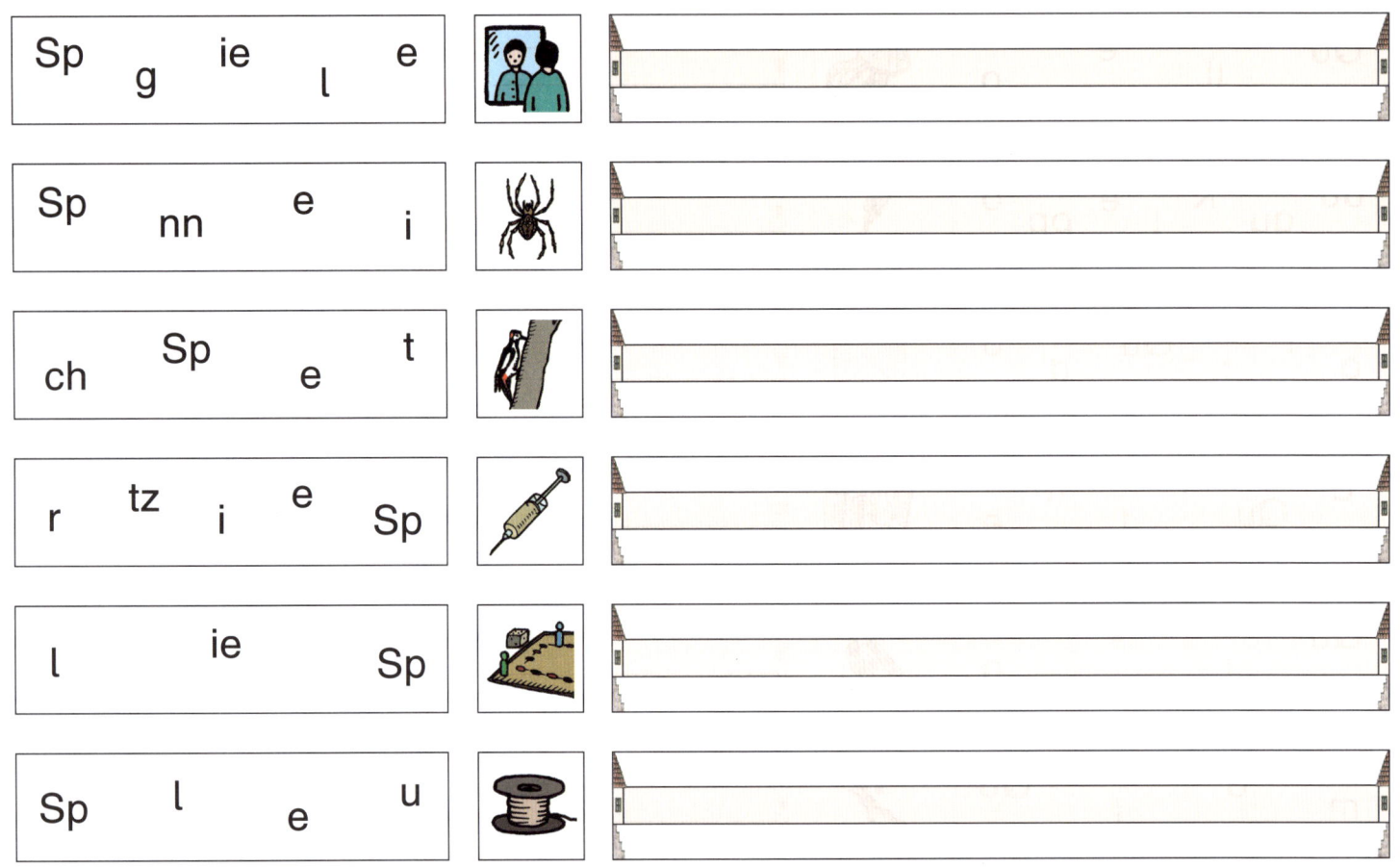

Qu ll e a		
au qu K l e pp a		die
a t r Qu d a		das
a Qu r t tt e		das
Qu r k a		
m a l Qu		

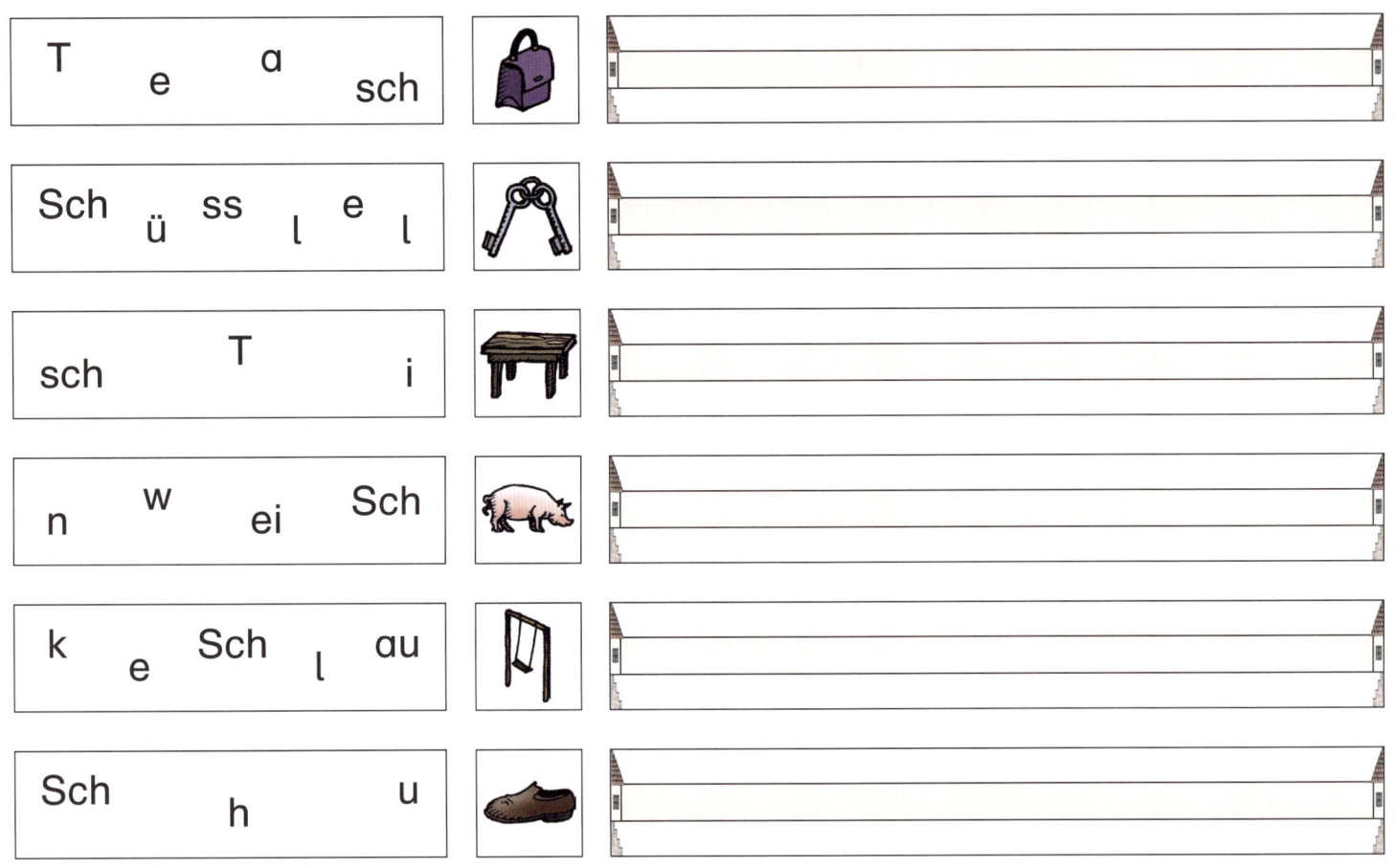

T e a	sch		
Sch ü ss l e l			
sch T i			
n w ei Sch			
k e Sch l au			
Sch h u			

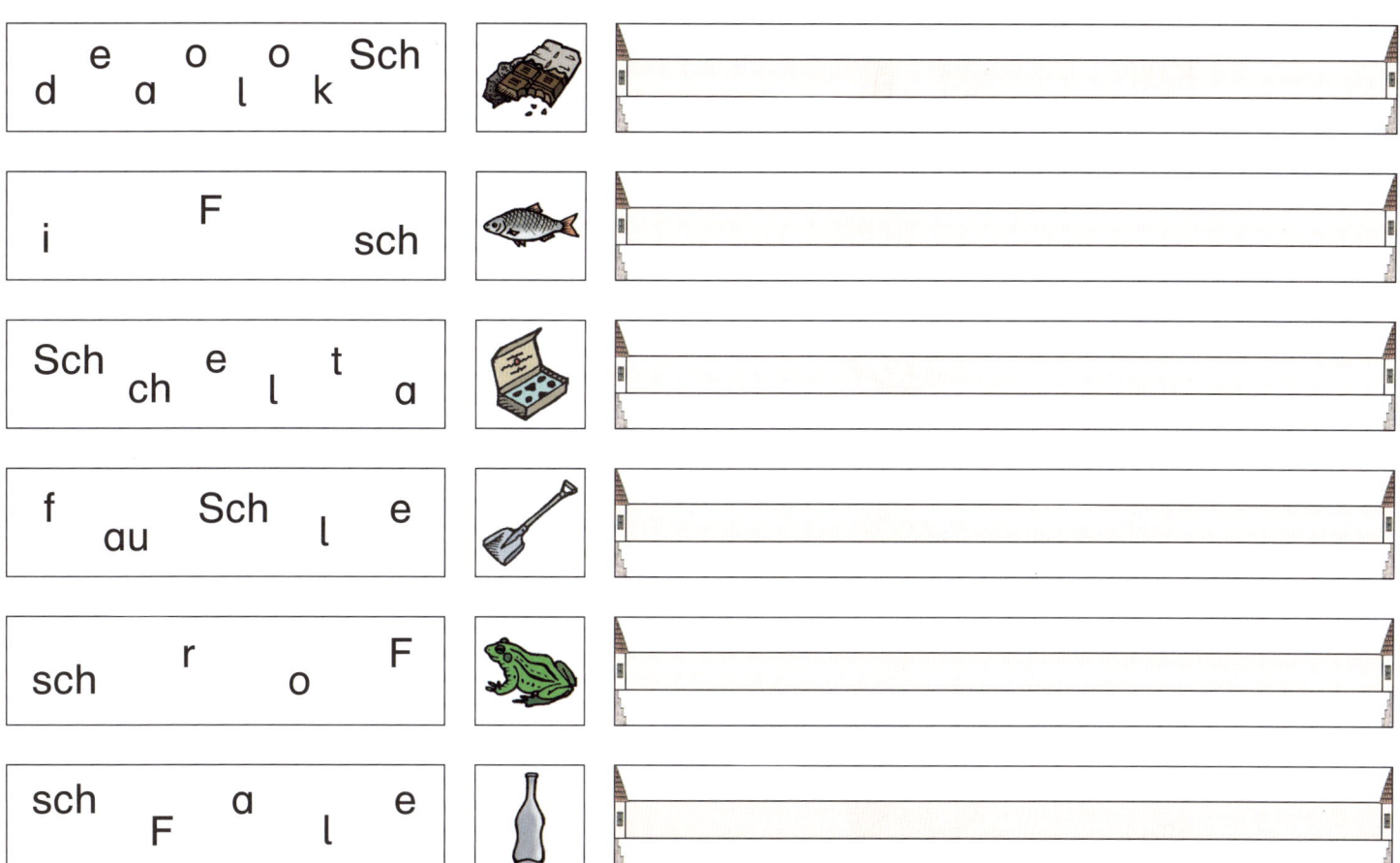

d e o o Sch
d a l k

i F sch

Sch ch e t a
ch l

f au Sch l e

sch r o F

sch F a l e

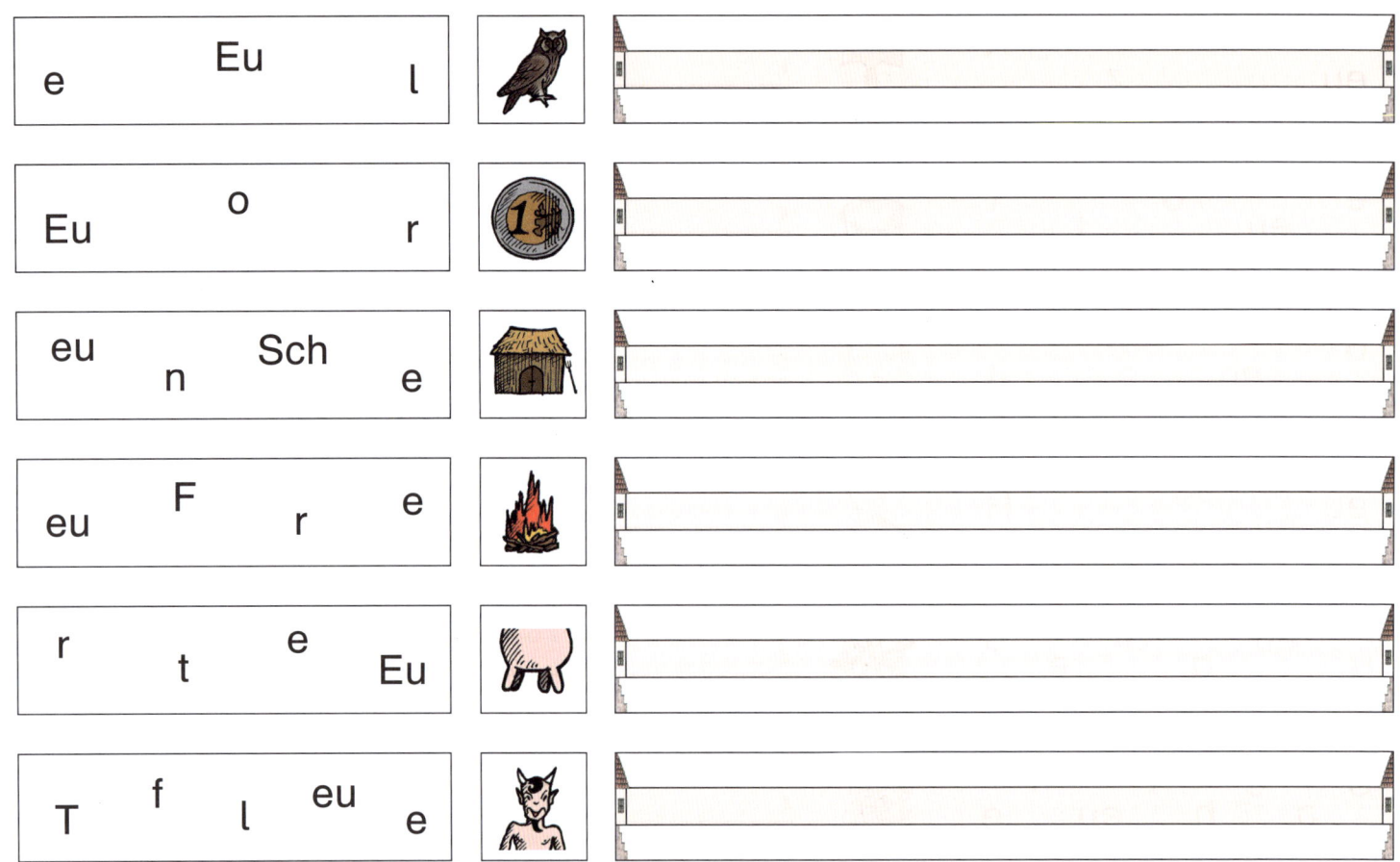

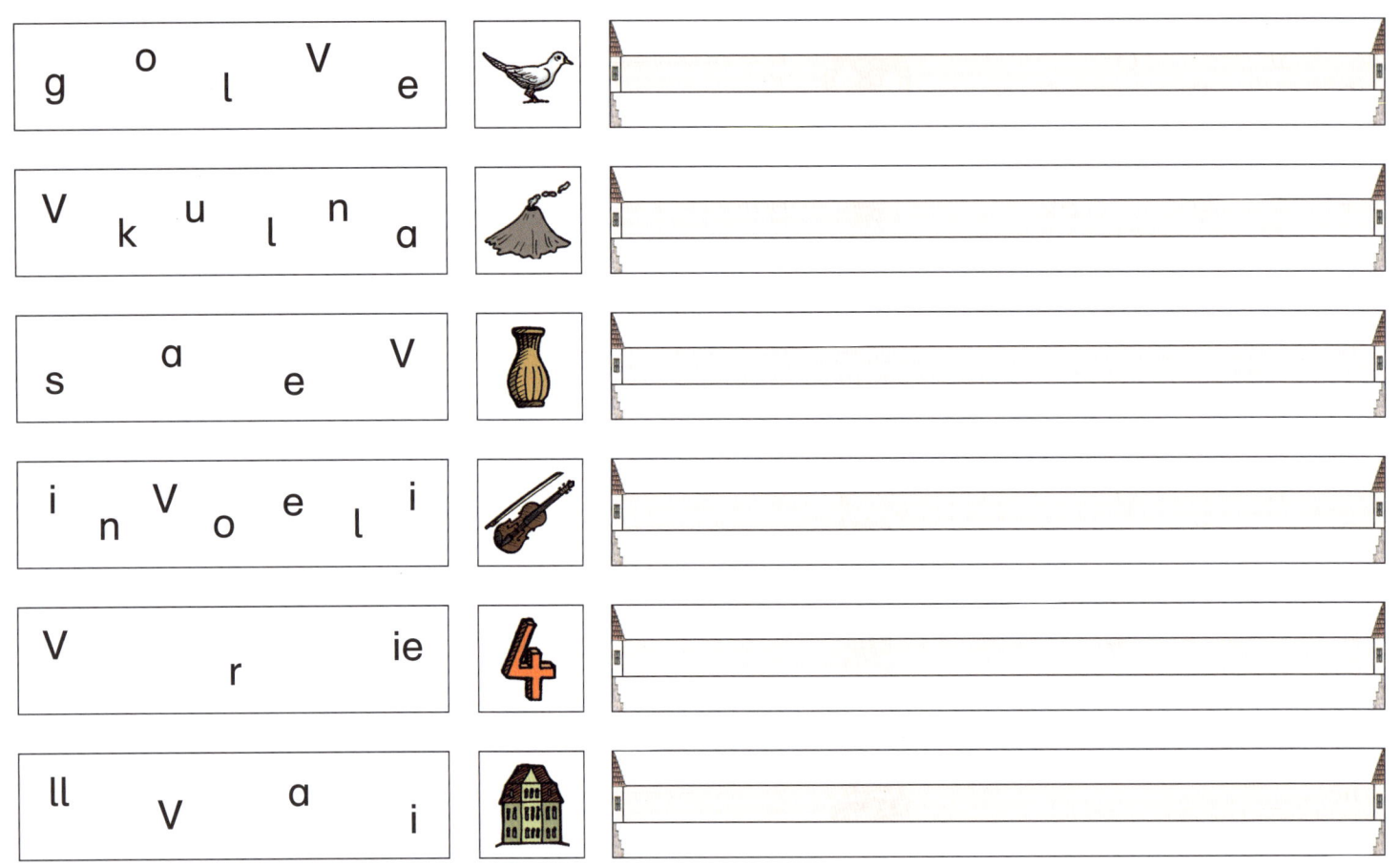

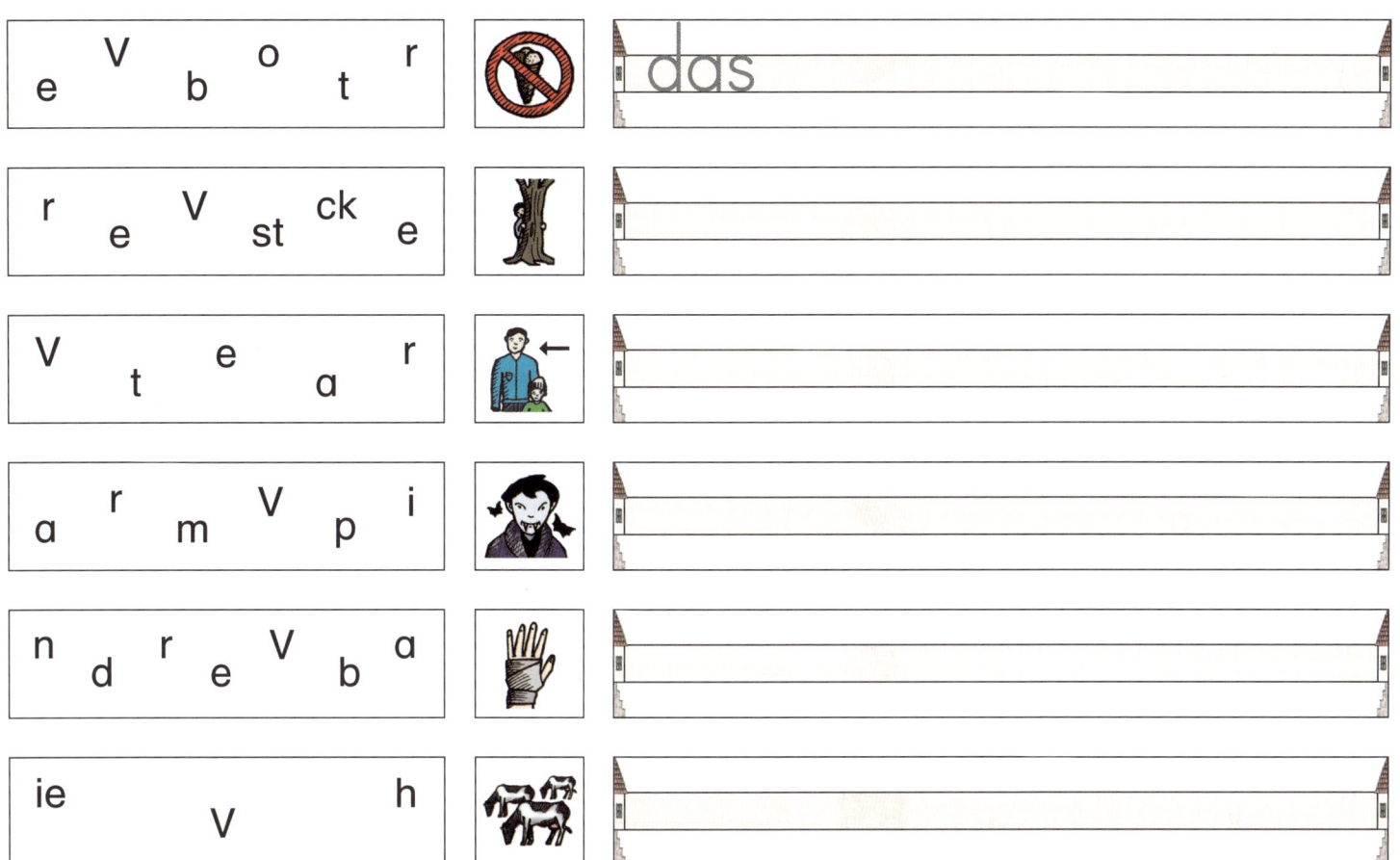

e V b o t r			das		
r e V st ck e					
V t e a r					
a r m V p i					
n d r e V b a					
ie V h					

Ei

s   Ei

Ei   w   e   r   l   f   ü   s

e   Ei   ch

e   ch   l   Ei

Ei   r   m   e

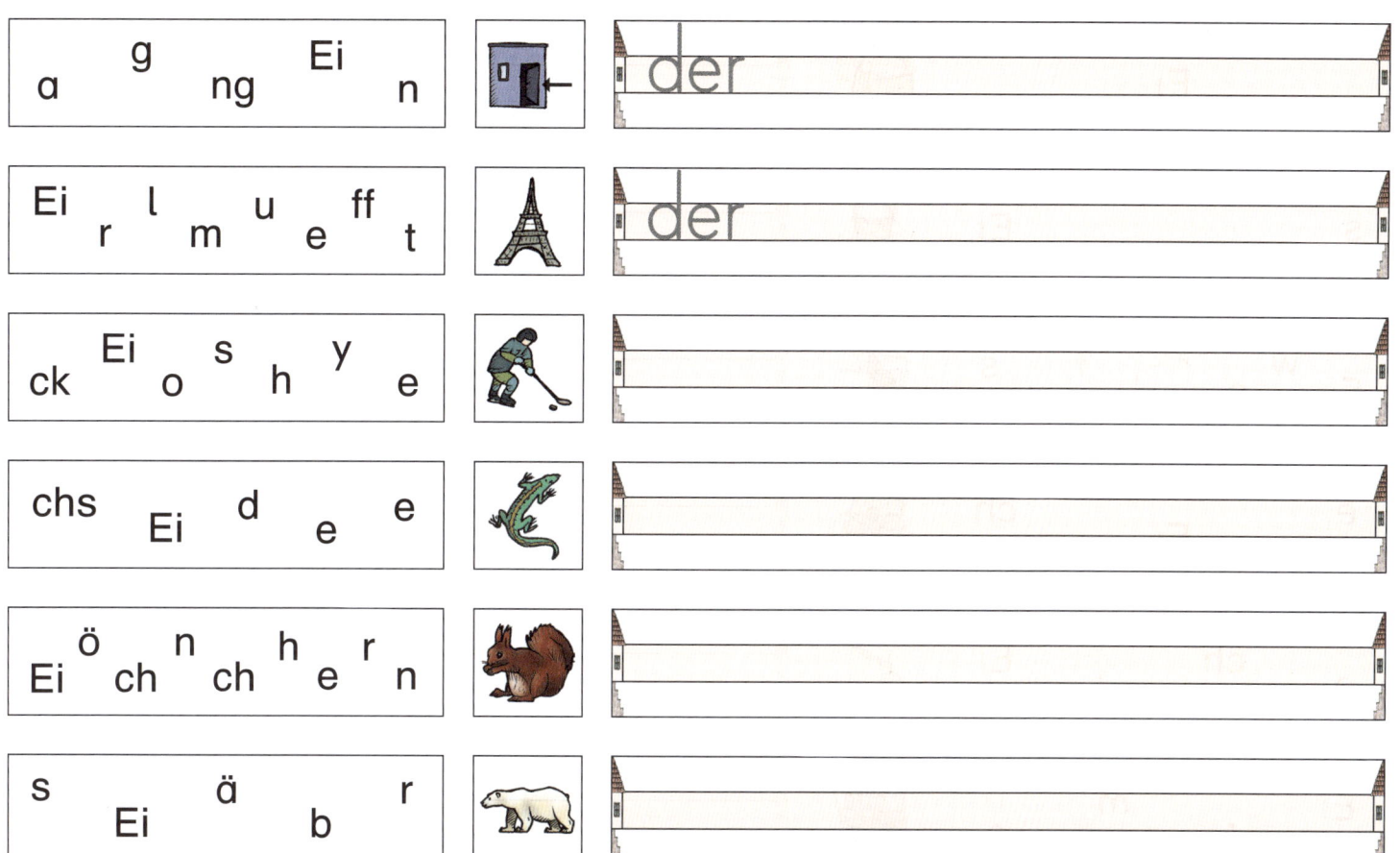

a	g ng	Ei n		der
Ei	l r m u e ff t			der
ck	Ei o s h y e			
chs	Ei d e e			
Ei	ö n ch ch h r n			
s	Ei ä b r			

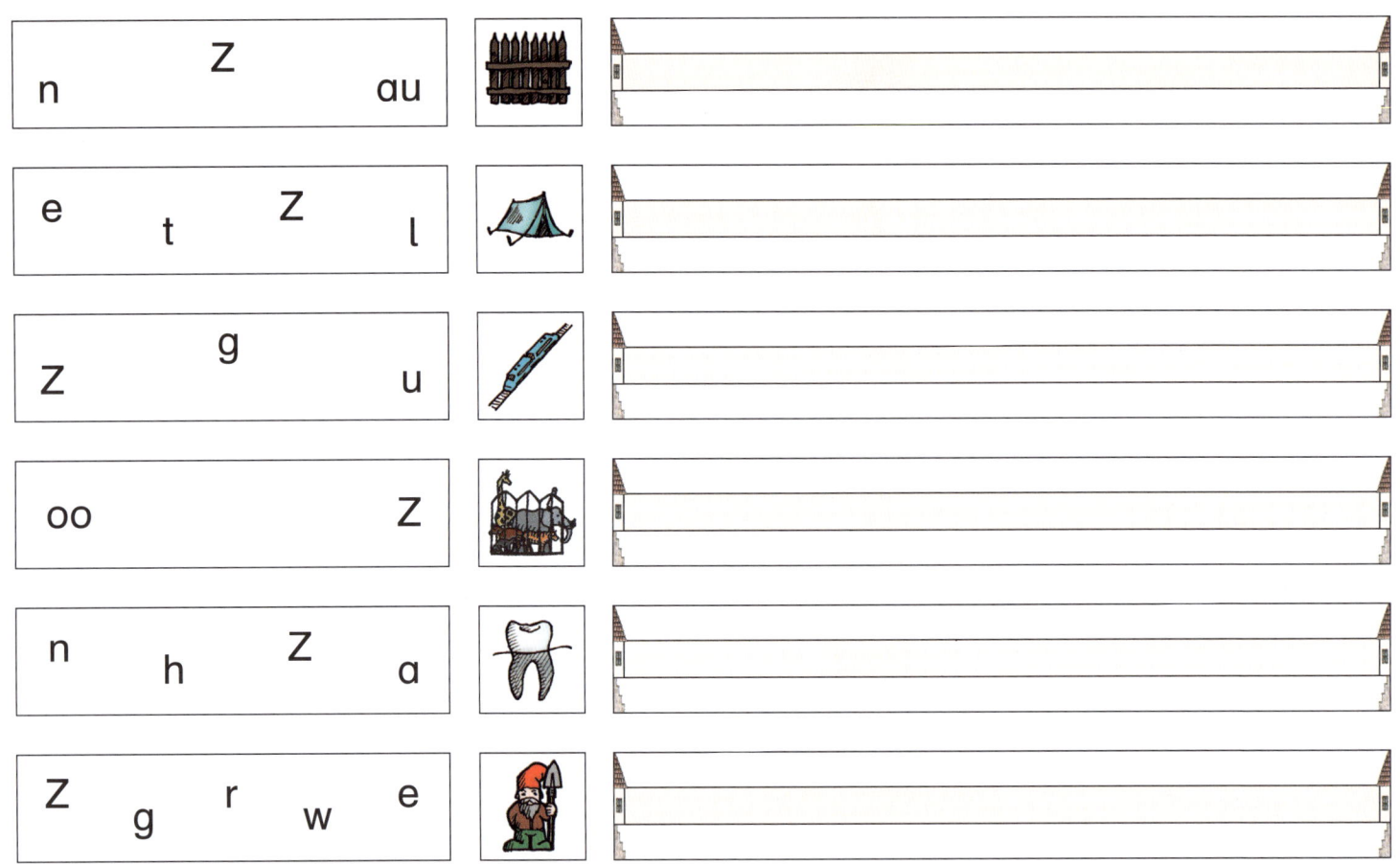

n　　Z　　au

e　t　Z　l

Z　g　u

oo　　Z

n　h　Z　a

Z　g　r　w　e

© sternchenverlag GmbH

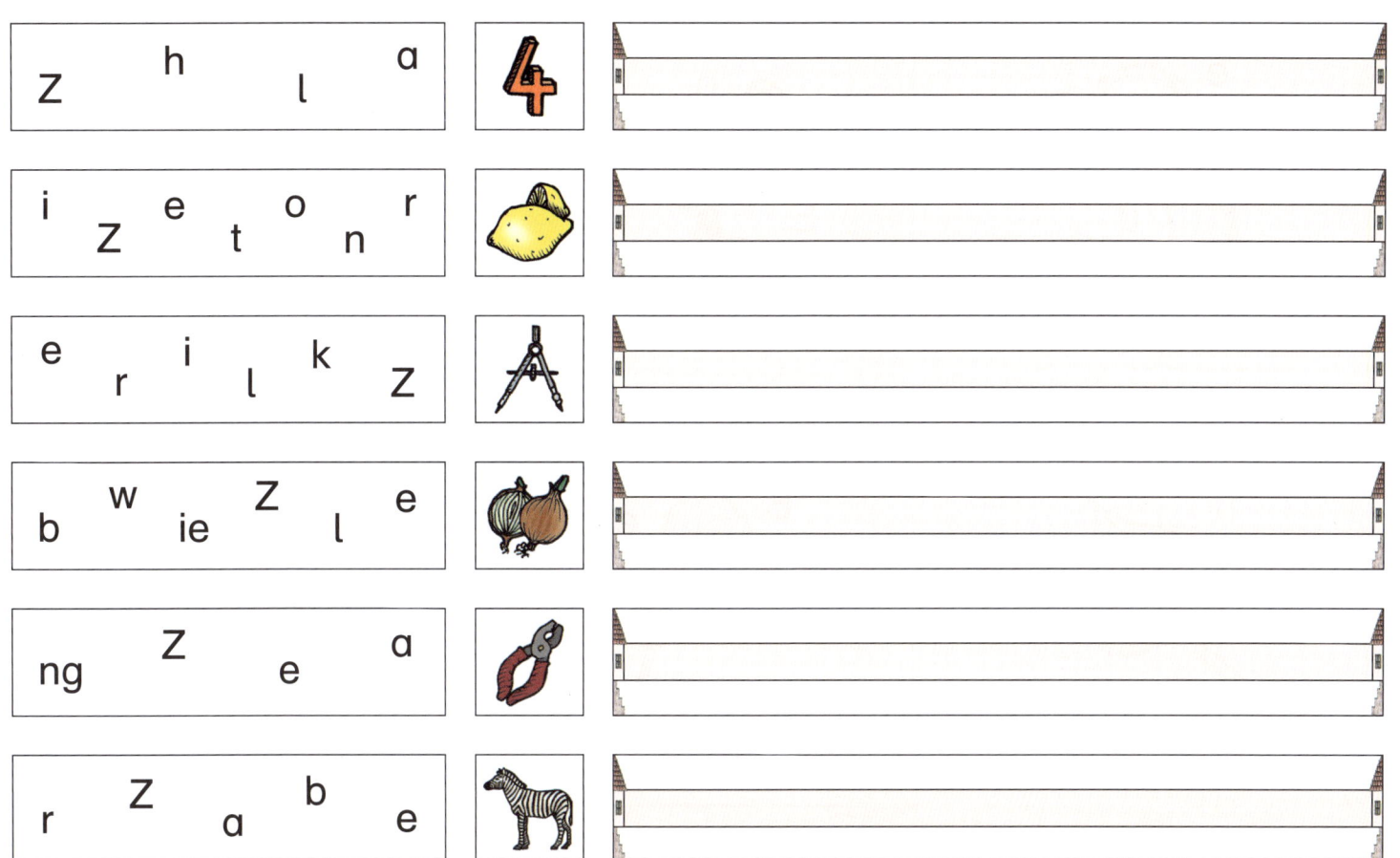

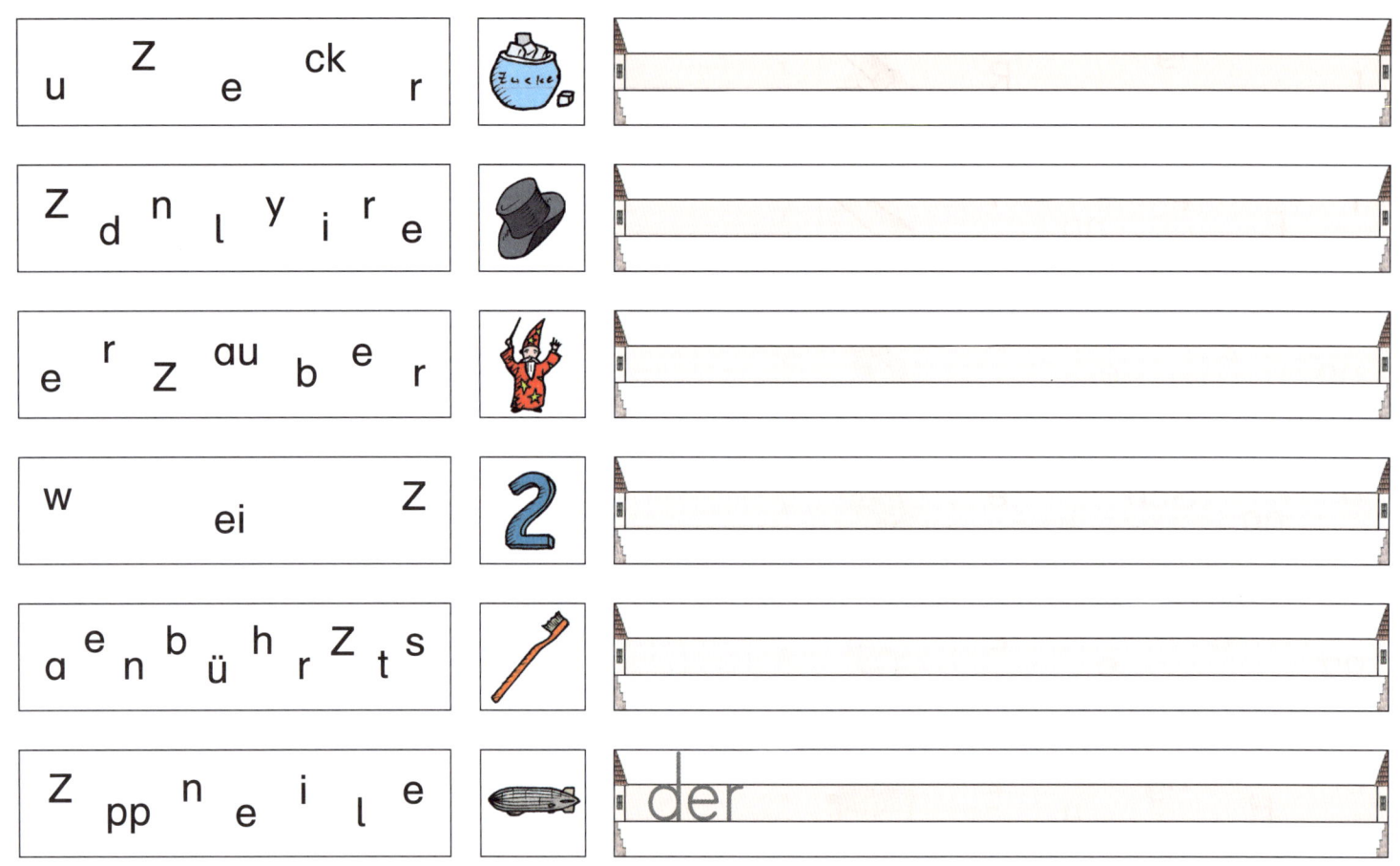

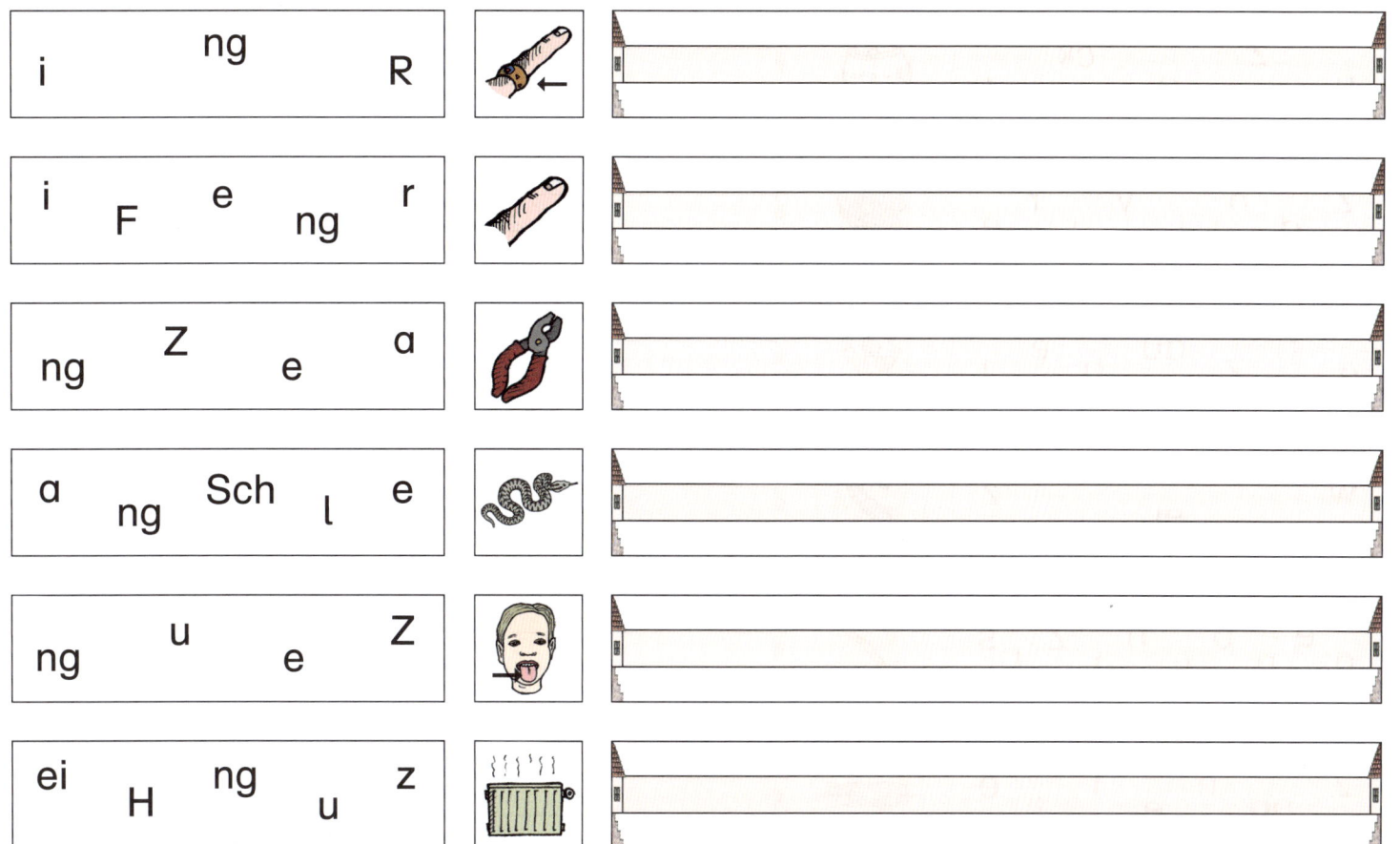

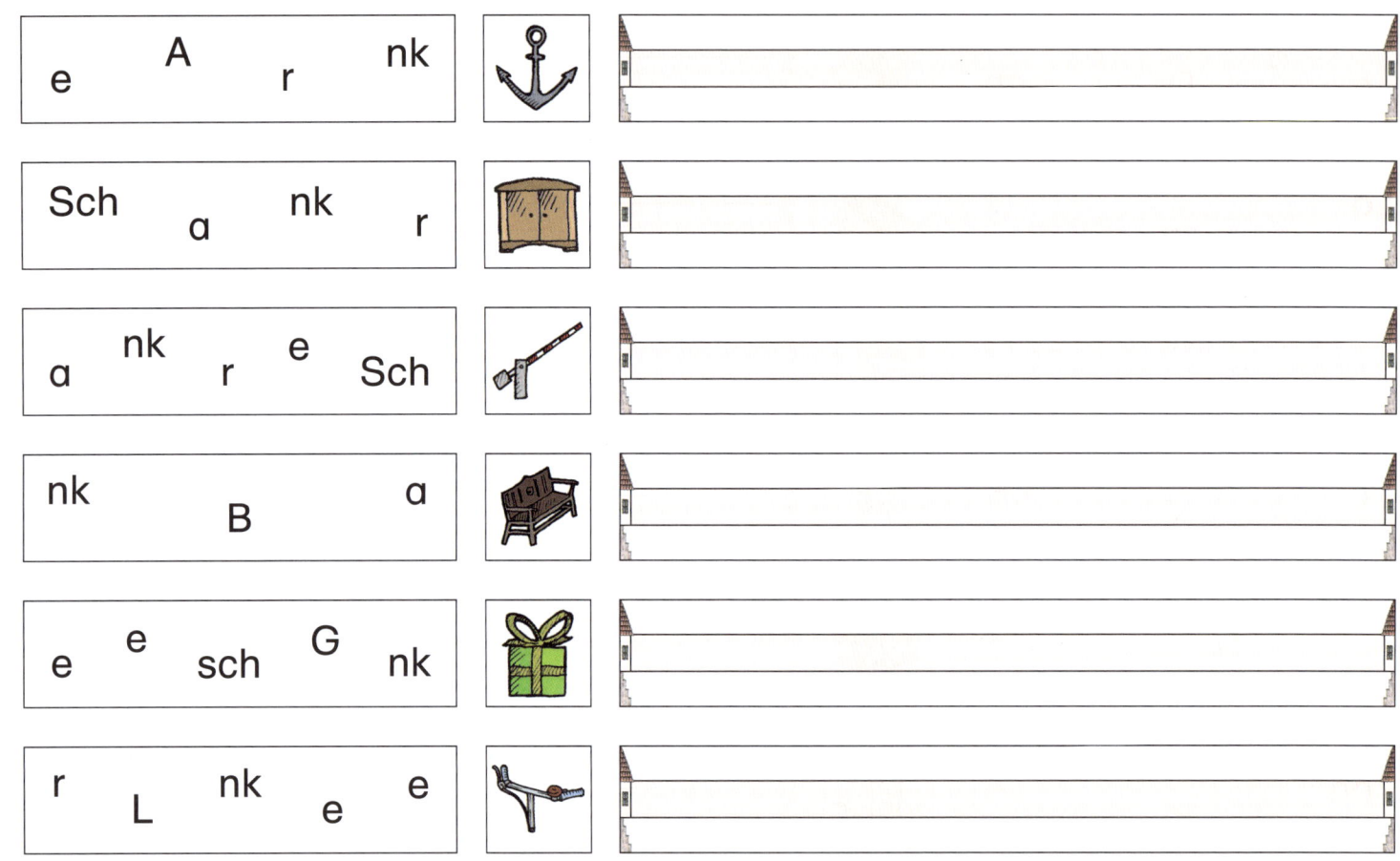

e A r nk		
Sch a nk r		
a nk r e Sch		
nk B a		
e e sch G nk		
r L nk e e		

e a D r ch	(dragon)	
a ch D	(house)	
o ch L	(book)	
t A ch	(8)	
ch N t a	(night sky)	
ch K o	(cook)	

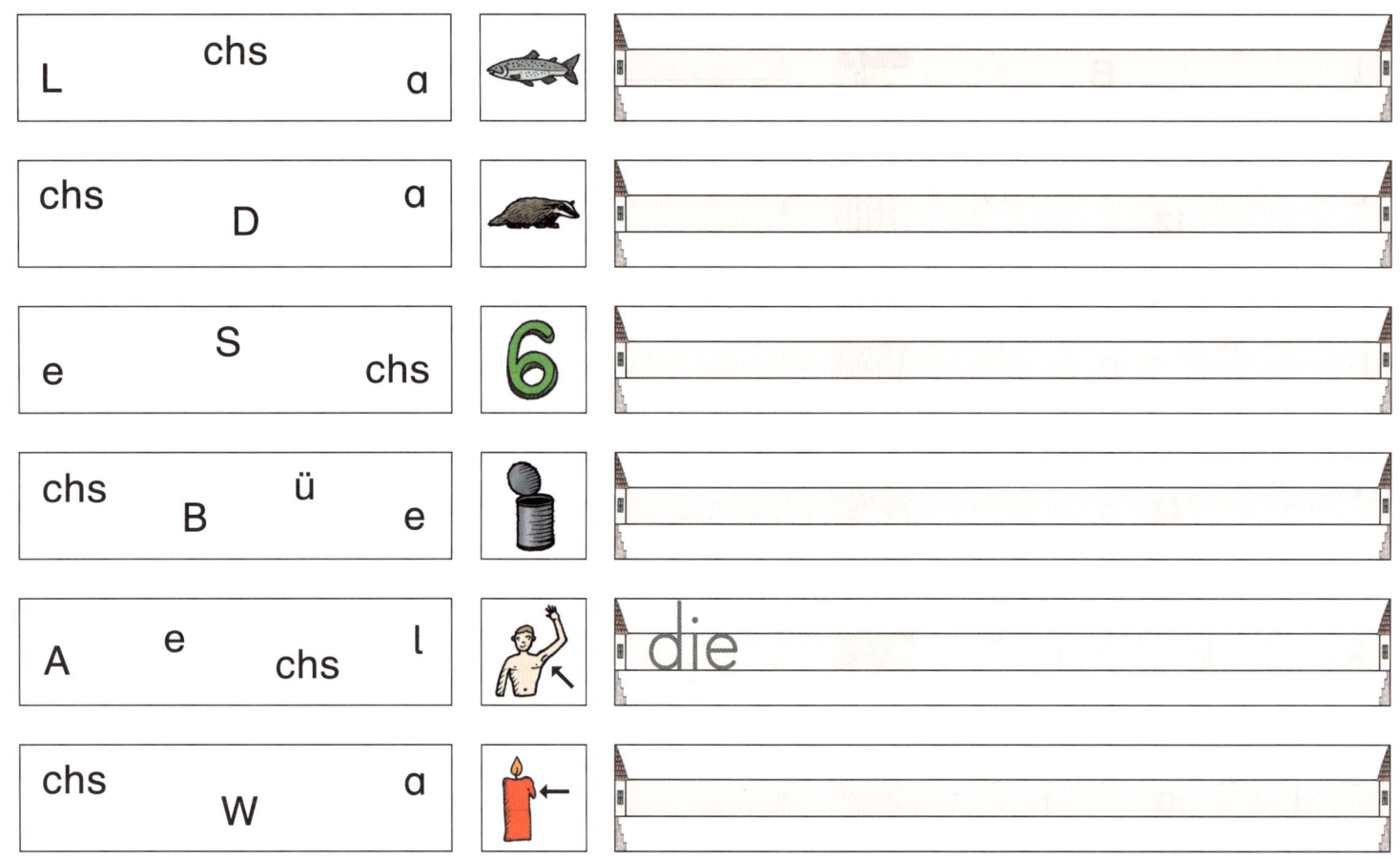

L chs a	🐟
chs D a	🦡
e S chs	**6**
chs B ü e	🥫
A e chs l	🧍
chs W a	🕯️

die

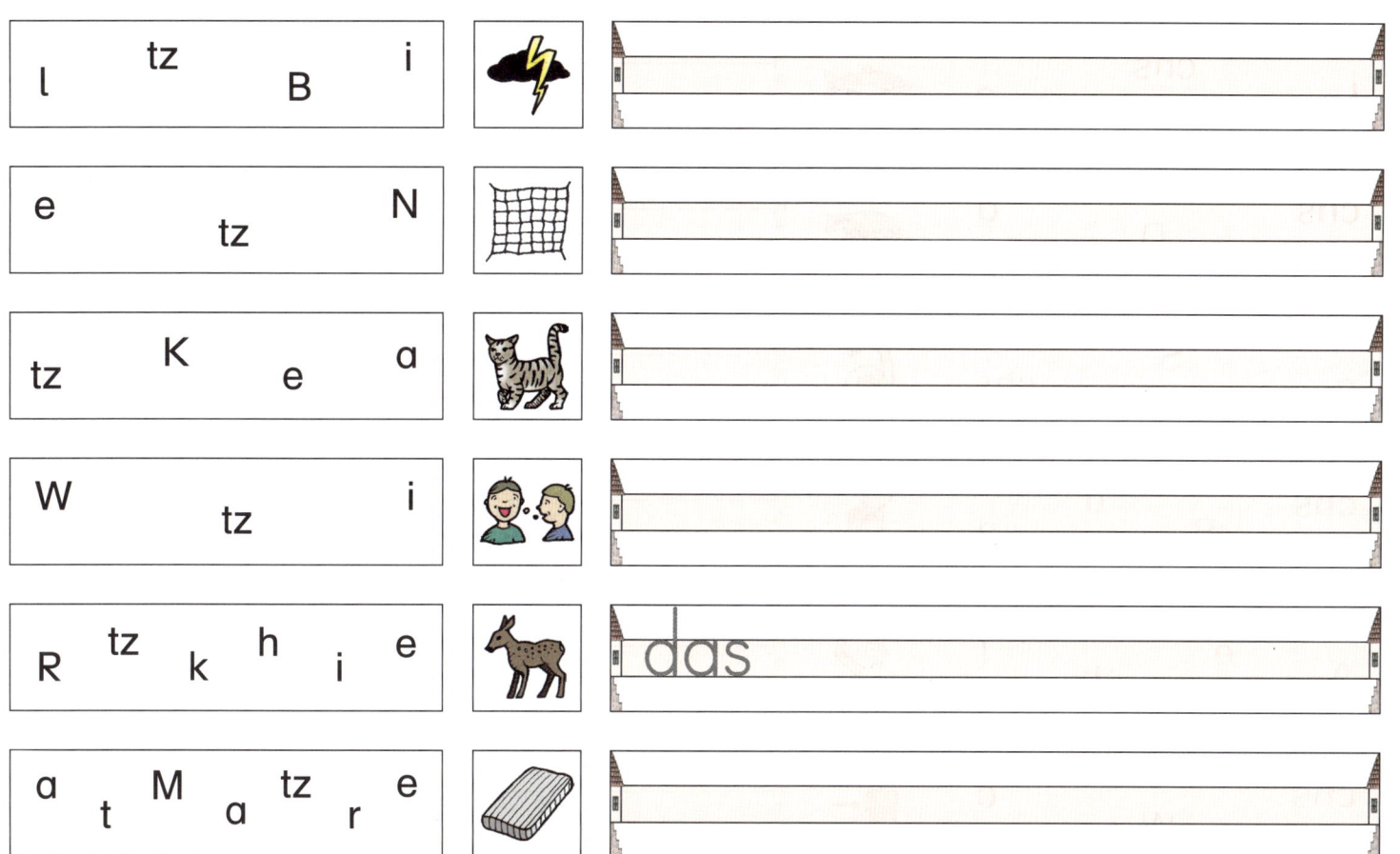

l tz B i

e tz N

tz K e a

W tz i

R tz k h i e   das

a M tz e
t a r

l M i ch

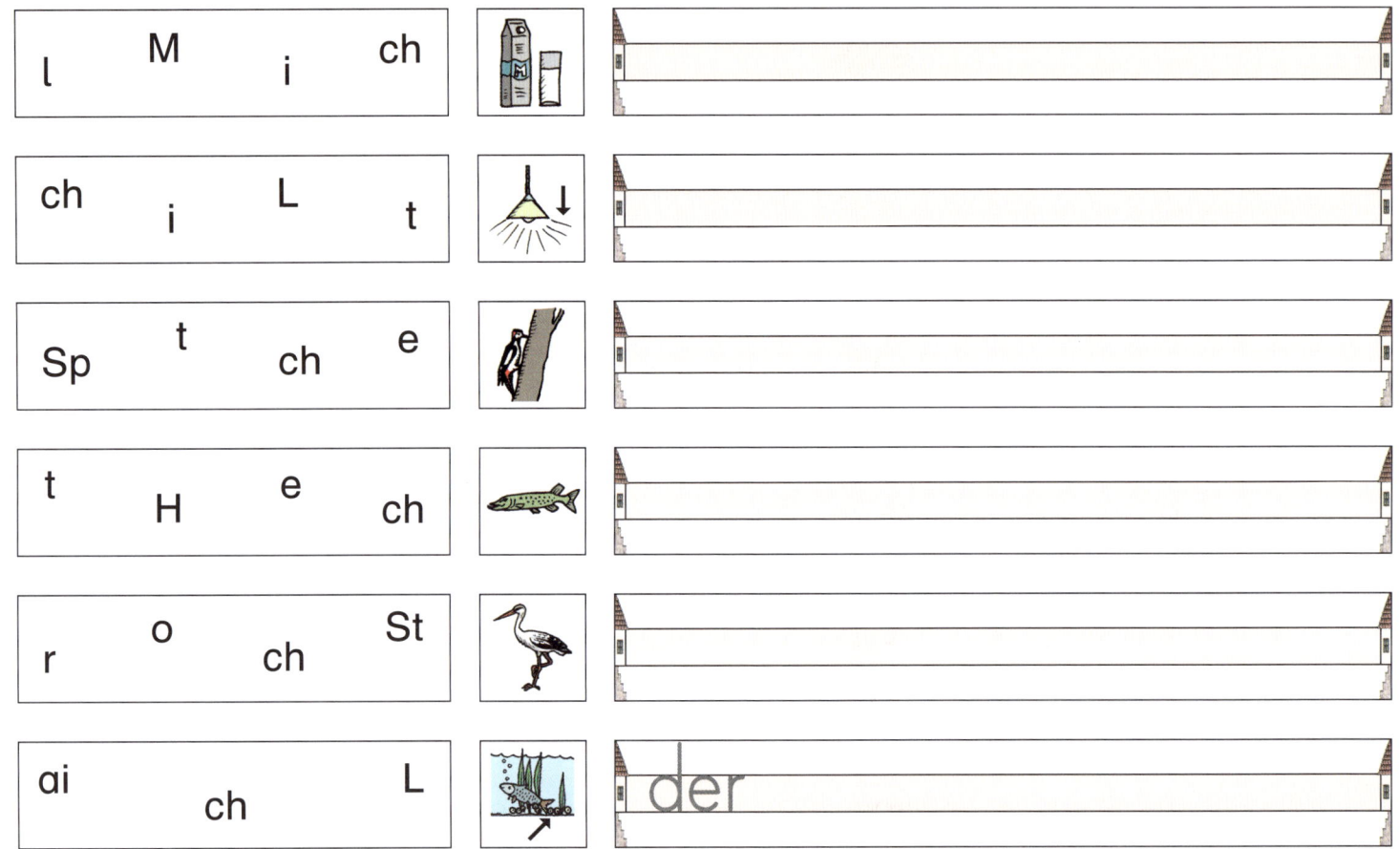

ch i L t

Sp t ch e

t H e ch

r o ch St

ai ch L

der

ck   a   S

l   o   G   e   ck

ck   R   o

St   ck   o

e   L   o   ck

M   ck   ü   e

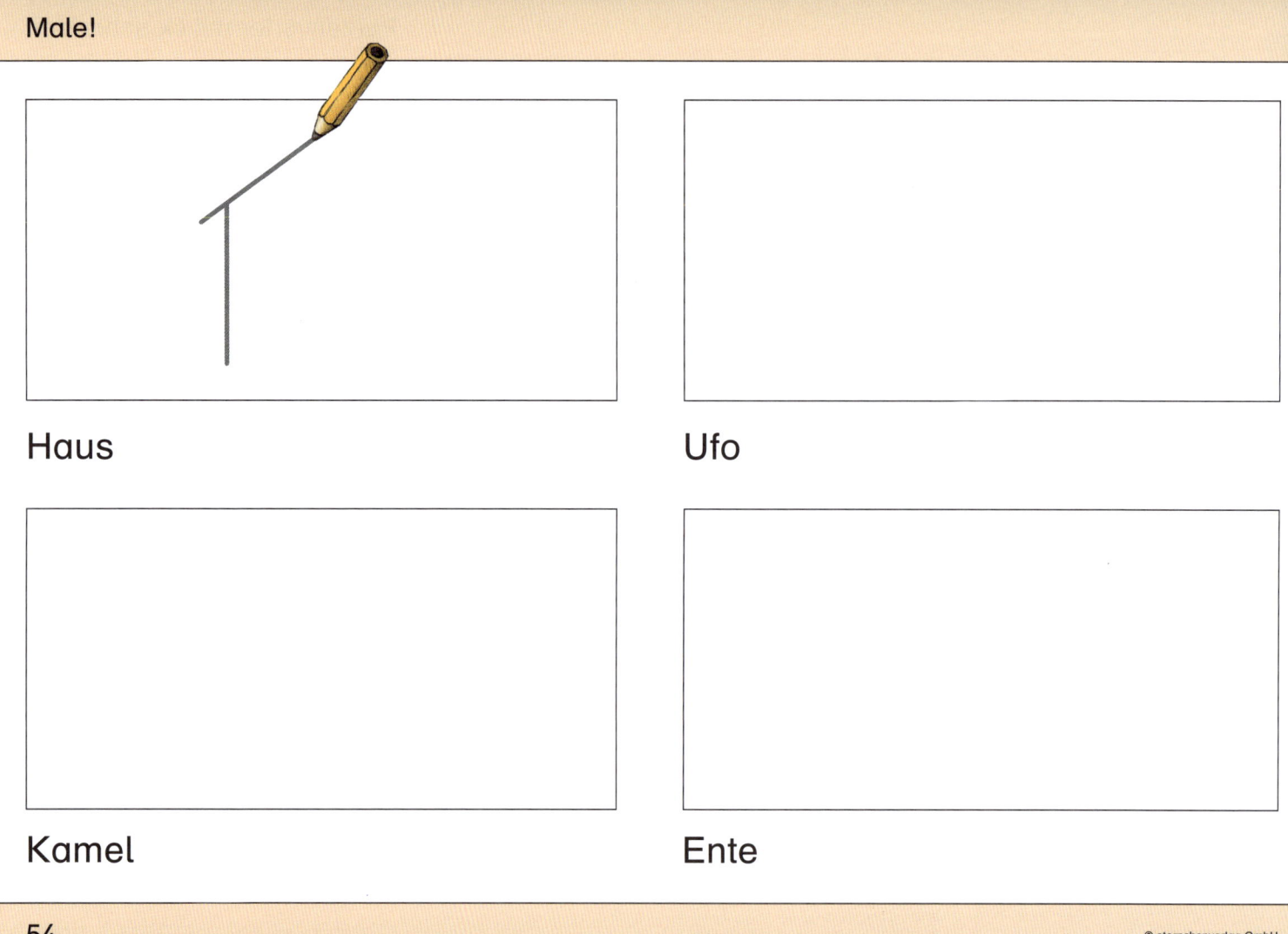

Haus

Ufo

Kamel

Ente